RÉPONSE

POUR

M. BEAUFOUR

Au nom et comme syndic de la Société Gastel, père et fils,

Intimé

THELLIER.

CONTRE

M. DESGROTTES

Appelant incidemment

DESROUSSEAUX.

Cour impériale

DE PARIS

—

5ᵉ CHAMBRE

—

M. MASSÉ

Président

A l'appel incident interjeté par M. Desgrottes de la disposition du jugement du 18 juillet 1867, qui :

« *Déclare la faillite de la Société Gastel père et fils propriétaire de* « *toutes les valeurs mobilières dépendant de ladite Société.* »

PRÉTENTION DE M. DESGROTTES.

M. Desgrottes prétend et soutient :

1° **Que Gastel père a formé le 29 mars 1864 une Société en nom collectif, dans laquelle il a apporté toutes les valeurs actives et passives de sa maison de commerce;**

2° **Que ces valeurs comprenaient des créances sur des tiers;**

3° **Que l'apport desdites créances constitue le transport prévu et régi par les articles 1689 et 1690 Code civil;**

4° **Que le transport n'a pas été signifié aux tiers débiteurs, et que dès lors la Société n'a pas été saisie au regard des créanciers de Gastel père;**

5° **Qu'il y a donc lieu d'attribuer ces valeurs à l'hérédité de Gastel père, à raison de la demande en séparation de patrimoine, et de les enlever aux créanciers de la Société.**

Nous mettons sous les yeux de la Cour, le dispositif des conclusions de cet appel incident.

« Dire que les valeurs mobilières qui ont été frappées de saisie-arrêts par M. Desgrottes font partie du patrimoine personnel de M. Gastel père.

« Déclarer bonnes et valables les saisies-arrêts sus énoncées.

« Dire et ordonner que l'effet de la demande en séparation du patrimoine formé par M. Desgrottes portera sur lesdites valeurs mobilières et qu'en conséquence lesdites valeurs seront comprises dans la distribution qui sera opérée par suite de la contribution ordonnée par le jugement dont il s'agit. »

M. Beaufour soutient cet appel incident non recevable et mal fondé.

Pour l'intelligence de la solution, il est utile de rappeler certains faits.

FAITS

I

GASTEL PÈRE. — SOCIÉTÉ GASTEL PÈRE ET FILS. — PUBLICATION. — DÉCÈS.

M. Gastel père était, en 1864, à la tête d'une maison de commerce importante, ayant pour principal objet l'importation de marchandises des colonies, connue sous le nom de :

« *Maison Gastel de Paris et de Saint-Pierre Martinique.* »

Par acte du 29 mars 1864, M. Gastel père, fit, avec son fils, une Société en nom collectif pour cinq ans, sous la raison sociale Gastel père et fils.

L'article 2 de l'acte de Société détermine ainsi l'objet de l'association.

« *Continuer les affaires de la maison Gastel de Paris et de Saint-Pierre Martinique.* »

L'article 4 formule en ces termes l'apport de M. Gastel père :

« **M. Gastel père apporte dans la Société les valeurs actives et passives telles qu'elles résultent des derniers bilans des maisons de Saint-Pierre Martinique et Paris.** »

L'article 5 ajoute :

« **M. Adrien Gastel apporte dans la Société son travail et** « **son industrie.** »

Enfin l'article 7 dispose :

« **La mort même de l'un d'eux n'entraînerait pas la dissolu-**
« **lution ; la Société devrait, au contraire, continuer entre le**
« **survivant et les héritiers ou représentants du précédé.** »

Cet acte de Société est régulièrement affiché et publié.

M. Gastel père décède le 15 avril 1864, et ses héritiers doivent,
conformément à l'article 7, continuer la Société.

II

LIQUIDATION , AGISSEMENTS DESGROTTES. — DEMANDE EN SÉPARATION DE
PATRIMOINE. — INSCRIPTION. — SAISIE-ARRÊT. — DEMANDE. — JUGEMENT.

Au lieu de continuer la Société les héritiers liquident.

Ce fait n'est plus contestable, puisqu'il a été souverainement jugé
par l'arrêt de cette chambre, du 6 avril 1866, dans lequel on lit :

« **Considérant en ce qui concerne les dames Clausel, Bardon**
et Assier de Pompignan qu'il est constant en fait, et qu'il
résulte de tous les documents produits qu'aussitôt après le dé-
cès de Gastel père, tous les héritiers ont été d'accord pour li-
quider la Société qui avait existé entre Gastel père et Gastel
fils ;

« **Que tous les actes émanés d'eux ou de leur mandataire**
n'ont été que des actes de liquidation ou nécessités par la li-
quidation ; »

Que fait pendant ce temps M. Desgrottes ?

Il remplit les formalités voulues pour obtenir la séparation du patrimoine de M. Gastel père d'avec celui de ses héritiers.

1° Il prend une inscription dans les termes de l'article 2,111 C. civ. dans les arrondissements de Saint-Pierre et de Fort-de-France, les 12 et 13 septembre 1864.

Voici les termes de l'inscription :

« *Pour avoir paiement par privilége et préférence aux créanciers* « *personnels des héritiers Gastels, vis-à-vis desquels M. Desgrottes se* « *réserve de demander la séparation du patrimoine du défunt d'avec* « *celui de ses héritiers.* »

2° Il forme des saisies-arrêts par exploits des 1er octobre et 4 novembre 1864 aux mains de :

1° MM. Louis Fabre et Cie, négociants demeurant à Saint-Pierre.

2° MM. L. Feissal et Cie, négociants demeurant au même lieu.

3° Théophraste et Oscar Reynal, négociants en la même ville,

4° Du sieur E. Brafin, négociant à Saint-Pierre.

5° De L. Massel et Cie, négociants au même lieu.

6° Du sieur J. de Pellerin, de Latouche, négociants au même lieu.

7° Du sieur Neyral.

CES DEUX DERNIERS GÉRANTS DE LA MAISON DE COMMERCE GASTEL.

Ces saisies-arrêts étaient nécessaires pour opérer la séparation de patrimoine quant aux meubles et aux valeurs mobilières.

3° Dénonce les oppositions aux héritiers Gastel et les assigne devant le Tribunal de la Seine pour :

« *S'entendre condamner lesdits héritiers Gastel, à restituer au requé- rant le titre de rente 3 pour 100 de 13,975 francs, confié au sieur Do- minique Gastel, avec les arrérages y afférents, échus depuis le 1er juil- let 1863 ;*

« *Sinon et faute par eux de ce faire, s'entendre condamner à payer au requérant la somme de 344,500 francs, valeur dudit titre de rente, avec es intérêts suivant la loi, à partir du 1er juillet 1863 ;*

« *Et pour assurer le paiement de ladite somme,* et FAISANT APPLICATION DES ARTICLES 878 ET SUIVANTS DU CODE NAPOLÉON, VOIR PRONONCER LA SÉPARATION DU PATRIMOINE DU DÉFUNT D'AVEC CELUI DE SES HÉRITIERS, ET DÉCLARER BONNES ET VALABLES LES OPPOSITIONS DES 1er ET 4 OCTO- BRE 1864 ;

« *En conséquence, voir dire et ordonner que les tiers saisis verseront entre les mains du requérant toutes sommes dont ils seront reconnus débiteurs* ENVERS LA SUCCESSION OU LES HÉRITIERS GASTEL, *jusqu'à concurrence de ladite créance en principal et ac- cessoires ;* »

Ainsi la demande en validité des saisies-arrêts n'a pour but que l'exercice du droit de séparation de patrimoine.

Ajoutons que les saisies-arrêts ne frappent que les sommes dues :

III

FAILLITE DE GASTEL. — DE LA SOCIÉTÉ GASTEL PÈRE ET FILS. — D'ADRIEN GASTEL. — ARRÊT INFIRMATIF COMMUN AVEC DESGROTTES.

Les héritiers Gastel poursuivaient à Paris la liquidation de la Société Gastel père et fils, lorsque deux jugements du Tribunal de commerce de la Seine, du 7 février et 24 mars 1865, déclarèrent en faillite :

1° Gastel père ;

2° La Société Gastel père et fils ;

3° Les héritiers Gastel.

M. Desgrottes forma opposition et prit devant le Tribunal les conclusions suivantes :

« *Mettre à néant les jugements déclaratifs de la faillite de Gastel* « *père et de la Société de Gastel père et fils.* »

Un jugement du 2 avril 1865 repoussa l'opposition de M. Desgrottes et maintint les trois faillites.

Appel. —

M. Desgrottes demande le rapport de la faillite de Gastel père et de celle de la Société Gastel père et fils.

Arrêt de la Cour du 6 avril 1866 qui :

1° Rapporte la faillite de Gastel père et des héritiers Gastel ;

2° Maintient la faillite de la Société Gastel père et fils et d'Adrien Gastel.

3° Fixe au 31 octobre 1864 l'ouverture desdites faillites.

On lit dans cet arrêt :

« **Considérant que si cette Société formée le 29 mars 1864, a été dissoute et mise en liquidation après le décès de Gastel père, elle ne saurait par l'effet de cette dissolution, échapper à la faillite que lui a fait encourir la cessation de ces paiements intervenue au cours de sa liquidation ; que cette cessation de paiements a été constatée par plusieurs protêts, dont le premier a eu lieu le 31 octobre 1864, à la requête du fils de Piganeau ; que c'est donc avec raison qu'elle a été déclarée en état de faillite, dont l'ouveture doit être fixée à cette date du 31 octobre 1864 ; »**

Cet arrêt qui fait la loi des parties, reconnaît l'existence de la Société constituée par l'acte du 19 mars 1864.

La situation de chacun ainsi faite, il ne restait plus qu'à statuer sur la demande en condamnation et en séparation de patrimoine formée par M. Desgrottes.

IV

DEMANDE DESGROTTES CONTRE BEAUFOUR, SYNDIC. — CONCLUSIONS
BEAUFOUR. — JUGEMENT.

L'arrêt de la Cour qui maintient la faillite de la Société Gastel père et fils est rendue le 6 avril 1866, et le 30 avril 1866 M. Desgrottes assigne M. Beaufour, syndic devant le Tribunal, pour :

Voir déclarer commun avec lui le jugement à intervenir ;

En conséquence :

Voir prononcer la séparation de patrimoine dont s'agit ;

Et voir dire, en conséquence, que le sieur Desgrottes a conservé et exercera son privilége sur le prix des immeubles de la succession Dominique Gastel ;

M. Beaufour n'avait rien à opposer à une demande aussi légitime, dont le but était l'exercice du droit de séparation de patrimoine.

Mais **M.** Beaufour avait un scrupule :

*L'apport social de **M.** Gastel père devait-il comprendre les immeubles ?*

En sa double qualité de syndic et d'administrateur de la succession, il demanda au Tribunal de trancher la question, et pour plus de précision, il prit les conclusions suivantes :

« *Dire que la Société Gastel père et fils a droit à la totalité des valeurs mobilières dépendant des maisons de commerce de **Paris** et de la Martinique, à l'exception seulement du mobilier à l'usage personnel de Gastel, lequel, au jour de son décès, garnissait sa campagne de Maisons-Laffitte, et son appartement de la rue d'Anjou-Saint-Honoré ;*

« *Faire attribution à la masse des créanciers de ladite Société desdites valeurs mobilières, sauf la distraction dont s'agit ;*

« *Dire que les immeubles ou les prix à provenir de leurs ventes ne sont pas entrés dans la Société Gastel père et fils et appartiennent à la succession Gastel père ;*

2

Ces conclusions furent signifiées à toutes les parties, et ne furent contestées par personne.

En cet état, le Tribunal a statué dans les termes suivants :

« **Attendu que la Société avait pour objet la continuation des affaires des maisons de commerce dirigées par Gastel père** ;

« **Que l'apport de ce dernier, fait dans les termes qui ont été ci-dessus relatés, comprenait la totalité de l'actif de ces maisons ;**

« *Que le mobilier personnel de l'associé n'en faisait pas partie ;*

« *Attendu, à l'égard des immeubles, que l'acte constitutif de la Société n'ayant pas été transcrit, il ne s'est pas opéré une aliénation qui soit opposable aux tiers et notamment aux créanciers de Gastel père ;*

Qu'ainsi lesdits immeubles en leurs prix sont demeurés en dehors de la faillite ;

« *Dit que les valeurs mobilières délaissées par Gastel père, à l'exclusion du mobilier à son usage personnel font partie de l'actif de la Société d'entre lui et Adrien Gastel : Autorise Beaufour, syndic de la faillite de cette Société, à toucher lesdites valeurs qui seront ultérieurement réparties entre les ayant droit, conformément aux dispositions du Code de commerce ;*

« *Fait en conséquence main levée pure et simple, entière et définitive des saisies-arrêts signifiées à la requête de Desgrottes, suivant exploits de Langlet, huissier à Saint-Pierre de la Martinique, en date du 1ᵉʳ et 4 octobre 1864, aux mains de Fabre et Cⁱᵉ, Feyssal et Cⁱᵉ, Théophrate* et *Oscar Reynal et Cie, Brafin, Massel et Cie, de Pellerin, de Latouche et Nérat.* »

M. Desgrottes interjette appel'incident, et demande l'attribution des valeurs sociales à l'hérédité.

Ces faits expliqués, M. Beaufour démontre contre l'appel incident les propositions suivantes :

PROPOSITIONS

1. *Les saisies-arrêts formées par M. Desgrottes entre les mains des débiteurs de la Société Gastel père et fils, et des représentants de cette Société et la demande en validité n'étaient que l'exercice de l'action en séparation de patrimoine sur les valeurs mobilières pouvant appartenir à la succession Gastel père.*

2. *M. Desgrottes n'a jamais contesté le droit de la Société Gastel père et fils à la propriété des valeurs frappées d'opposition.*

   L'appel incident constitue une demande nouvelle, non recevable.

3. *Les valeurs saisies-arrêtées dépendant de la Société Gastel père et fils, sont le gage exclusif des créanciers de la Société.*

   La séparation de patrimoine ne peut jamais préjudicier aux créanciers sociaux.

4. *M. Desgrottes est non-recevable à demander l'attribution desdites valeurs à l'hérédité Gastel père, tant qu'il n'a pas fait annuler contre le syndic l'acte de société du 29 mars 1864 ou juger que ce acte n'a pas saisi la Société des apports de Gastel père.*

M. Desgrottes est non recevable à attaquer la Société reconnue par lui dans toutes les instances précédemment engagées.

5. *L'apport dans une Société des valeurs actives et passives d'une maison de commerce ne peut être assimilé à un transport de créance.*

La Société est saisie sans qu'il soit besoin de signifier l'acte de Société à chaque débiteur des créances apportées.

La publication de l'acte de Société avertit et protége suffisamment les tiers.

DISCUSSION

PREMIÈRE PROPOSITION.

Les saisies-arrêts formées par M. Desgrottes entre les mains des débiteurs et représentants de la Société Gastel père et fils et la demande en validité, n'ont été et ne sont que l'exercice de l'action en séparation de patrimoine sur les valeurs mobilières de la succession Gastel père.

ELLES DEVAIENT ÊTRE PRATIQUÉES.

La loi a bien indiqué les formalités à suivre pour exercer la séparation de patrimoine sur les immeubles ; mais elle est muette en ce qui concerne les meubles.

L'usage et la pratique ont suppléé au silence du législateur, et les créanciers pour sauvegarder leur droits, ont eu recours à la saisie-arrêt.

Lopposition empêche l'héritier pur et simple de recevoir, et les biens du défunt sont ainsi placés sous une main-mise judiciaire.

Les saisies-arrêts pratiquées par M. Desgrottes n'ont pas eu d'autre but, ni d'autre résultat.

Si elles n'avaient pas été pratiquées, les héritiers Gastel auraient pu soit toucher les créances, soit disposer à leur profit du droit social de Gastel père dans la Société Gastel père et fils.

M. Demolombe s'exprime ainsi (t. XVII, p. 161) :

« **Relativement aux meubles, notre Code a gardé le silence** « **et nous n'y trouvons aucune règle sur les mesures conserva-** « **toires, que les créanciers du défunt ou les légataires puissent** « **employer...**

« **A quelles mesures donc peuvent-ils recourir ?**

. . . .

« **S'il s'agit de biens incorporels, de créances sur un** « **tiers, etc., ils peuvent former une saisie-arrêt entre les** « **mains du débiteur, et la demande en validité leur sera une** « **occasion et un moyen très-juridique de conserver leur pri-** « **vilége sur cette créance, en concluant à ce que les deniers** « **arrêtés soient séparés du patrimoine de l'héritier. »**

Le droit de Gastel père, dans la Société Gastel père et fils, est un droit incorporel, et M. Desgrottes n'avait pas d'autre moyen pour le séparer du patrimoine des héritiers que la voie de la saisie-arrêt.

Telle a été le but des saisies-arrêts de M. Desgrottes.

En effet :

Par son appel incident M. Desgrottes ne demande pas que les sommes saisies-arrêtées lui soient attribuées, mais qu'elles soient comprises dans le patrimoine de Gastel père pour être distribuées entre ses créanciers.

Il faut donc reconnaître :

1° Que les saisies-arrêts ne sont qu'un moyen d'exercer l'action en séparation de patrimoine;

2° Que ces saisies-arrêts n'impliquent en rien une action en nullité des apports sociaux.

DEUXIÈME PROPOSITION.

M. Desgrottes n'a jamais contesté le droit de la Société Gastel père et fils à la propriété des valeurs frappées d'opposition.

L'appel incident constitue donc une demande nouvelle — et est non-recevable.

L'acte de société du 29 mars 1864 contenant l'apport par Gastel père des valeurs actives et passives de la maison Gastel de Paris et de Saint-Pirere Martinique, n'a jamais été contesté par personne.

La Société Gastel père et fils ayant pour objet unique :

« LA CONTINUATION DES AFFAIRES DE GASTEL PÈRE. »

Cesserait d'exister le jour où les valeurs apportées par Gastel père lui seraient ravies.

En effet :

M. Adrien Gastel fils n'a apporté *que son temps et son industrie.*

M. Gastel père a apporté *sa maison de commerce.*

Supposons qu'un tiers revendique la maison de commerce c'est-à-dire : *les valeurs actives et passives de la maison Gastel père.*

La Société sera mise à fin par L'EXTINCTION DE LA CHOSE qui formait son objet (art. 1865, nº 2, C. civ.).

Or M. Desgrottes est-il recevable à contester la validité, l'existence de la Société Gastel père et fils ?

Non.

Puisqu'il a demandé devant le tribunal de commerce le rapport de la faillite de cette Société...

Puisqu'il a pris les mêmes conclusions devant la Cour dans le débat tranché par l'arrêt du 6 avril 1866 ;

Puisqu'il a reconnu l'existence de cette Société ;

Puisque l'arrêt de la Cour du 6 avril 1866 rendu contradictoirement avec lui, maintient la faillite de ladite Société.

M. Desgrottes a-t-il demandé en première instance la nullité de la Société ou contesté la transmission des apports ?

Non.

Pas un mot, pas un motif, pas une conclusion en ce sens n'a été produit devant le tribunal.

M. Desgrottes peut-il soutenir que sa demande en validité de saisie-arrêt équivalait à la contestation soulevée par l'appel incident, et à la prétention d'aujourd'hui que la Société n'était pas saisie de l'apport de Gastel père ?

Non.

Puisque nous avons démontré que ces saisies-arrêts n'étaient que le MODE NÉCESSAIRE d'exercice de l'action en séparation de patrimoine !

S'il en est ainsi :

La demande est nouvelle, et l'appel incident non-recevable.

En effet :

L'appel incident ne peut avoir pour objet que le redressement d'un grief fait par le jugement, ou l'allocation d'un chef de demande repoussé par le tribunal.

M. Desgrottes dira-t-il que sa demande est conforme à l'art. 464 C. proc. civ., parce qu'elle n'est qu'une défense à l'action principale ?

Mais quelle était la demande principale ?

La demande de M. Desgrottes en séparation de patrimoine.

Les conclusions de Beaufour tendaient à ce que le tribunal voulût bien distraire du patrimoine de la Société Gastel père et fils :

1° Le mobilier personnel de Gastel père ;

2° Les immeubles de Gastel père.

Ne sauraient constituer une demande principale.

Donc M. Desgrottes ne saurait dire :

« **Que sa demande est une défense à l'action principale,**
« **puisque c'est lui qui est le demandeur principal.**

TROISIÈME PROPOSITION.

*Les valeurs saisies-arrêtées dépendent de la Société Gastel père et
fils et sont le gage exclusif des créanciers de ladite Société.*

*La séparation du patrimoine ne peut jamais préjudicier aux créan-
ciers sociaux.*

Il est de principe en doctrine et en jurisprudence :

1° Que les biens d'une Société sont le gage exclusif de ses créanciers à l'exclusion des créanciers personnels de chaque associé ;

2° Que le créancier personnel d'un associé ne peut faire de saisie-
arrêt sur l'actif de la Société ;

3° Que la liquidation d'une Société ne change en rien les garanties
assurées à ses créanciers.

3

Il n'y a d'exception à ces principes, qu'autant que la Société est annulée pour défaut de publications régulières, auquel cas les créanciers sociaux et les créanciers personnels des associés viennent au marc-le-franc sur l'actif social.

La séparation de patrimoine peut-elle modifier la situation légale faite aux créanciers sociaux ?

Non. — Puisque la mort d'un débiteur ne peut priver ses créanciers du gage que la loi leur donne !

M. Gastel père mort, la Société se continue ou se liquide dans les termes du droit commun.

La séparation de patrimoine ne peut pas plus affecter la position des créanciers sociaux que ne le ferait l'acceptation bénéficiaire de la succession d'un associé prédécédé !

Le créancier d'un associé décédé est-il désarmé devant une Société contractée par le défunt, et ne peut-il pas exercer la séparation de patrimoine?

L'action en séparation de patrimoine est parfaitement recevable, et le créancier peut demander que le droit social appartenant au défaut ne tombe pas dans le patrimoine de ses héritiers.

Le créancier peut former des saisies-arrêts entre les mains de la Société pour manifester et exercer son action.

Mais en ce cas il ne peut saisir-arrêter les valeurs sociales, qui n'appartiennent pas à son débiteur.

Au jour de la liquidation si un actif est attribué à l'associé décédé, on le remet à son créancier à l'exclusion des héritiers et des créanciers de ces derniers.

Donc il faut reconnaître :

1° Que les valeurs de la Société Gastel père et fils appartiennent à la faillite de ladite Société ;

2° Que la séparation de patrimoine a pour but unique d'assurer aux créanciers personnels de l'associé décédé l'actif restant libre après le paiement des dettes sociales.

QUATRIÈME PROPOSITION

M. Desgrottes est non recevable a demander l'attribution desdites valeurs à l'hérédité Gastel père, tant qu'il n'a pas fait annuler contre le syndic l'acte de société du 29 mars 1864, ou juger que cet acte n'a pas saisi la Société des apports de Gastel père.

M. Desgrottes est non recevable à attaquer la Société reconnue par lui dans toutes les instances précédemment engagées.

M. Desgrottes reconnaît les principes qui précèdent, mais il soutient qu'ils ne sont pas applicables dans l'espèce soumise à la Cour.

Pourquoi?

Parce que, dit-il, les apports de M. Gastel père n'ont pas été transmis régulièrement à la Société Gastel père et fils, au regard des tiers, par un transport dûment signifié.

Admettons par hypothèse que l'objection de M. Desgrottes soit juridique :

M. Desgrottes ne pourra l'opposer utilement qu'autant qu'il aura fait juger la nullité de la transmission d'apport.

En effet :

L'acte de Société a été régulièrement publié, les tiers ont traité de bonne foi en présence d'un actif déterminé, il faut donc un juge-ment pour les priver du gage sur lequel ils ont légitimement compté.

Quand les créanciers d'un associé élèvent la prétention de venir concurremment avec les créanciers sociaux sur l'actif social, ils sont tenus de faire décider par justice que la Société est nulle.

Nous tenons à signaler à la Cour les conséquences singulières du système de M. Desgrottes, en nous attachant aux faits mêmes du procès :

1° **M. Gastel forme le 29 mars 1864 la Société Gastel père et fils ;**

2° **Cette Société est publiée et aucun des créanciers per_sonnels de M. Gastel père ne l'attaque comme faite en fraude de ses droits ;**

3° **Les tiers traitent avec la Société et plus tard avec les liquidateurs sur la foi du privilége que la loi accorde sur l'ac-tif social ;**

4° **M. Gastel père meurt, et sa mort ne peut modifier en rien les droits des créanciers sociaux ;**

5° **Les créanciers sociaux n'ont pas même à exercer l'action en séparation de patrimoine, si l'actif social leur paraît suffisant, puisque leur privilége est opposable aux héritiers et à leurs créanciers, comme aux créanciers personnels de Gastel père ;**

Ils laissent donc passer le délai sans demander la séparation de patrimoine ;

6° **Trois années s'écoulent; et après ce délai survient M. Desgrottes demandeur en séparation de patrimoine qui soutient que les apports de Gastel père doivent faire retour à ses créanciers ;**

Les créanciers sociaux se trouveraient dépouillés de leur gage social, et même privés du droit de demander la séparation de patrimoine, soumis par conséquent au concours des créanciers personnels des héritiers

La Cour n'admettra jamais de pareilles conséquences.

Ajoutons :

Que M. Desgrottes ne peut, en présence de l'arrêt du 6 avril 1866 qui a maintenu la faillite de la Société Gastel père et fils, intenter une action qui est la négation de cette Société.

CINQUIÈME PROPOSITION

L'action de M. Desgrottes est prescrite, car elle est exercée par son appel incident du 28 février 1868, plus de trois ans après l'ouverture de la succession qui est du 15 avril 1864.

Nous avons reconnu que l'action de **M.** Desgrottes, exercée par voie de saisie-arrêt, ne pouvait avoir pour objet que de séparer le droit social de Gastel père, dans la Société Gastel père et fils, du patrimoine de ses héritiers.

Nous avons établi :

Que les valeurs apportées en société par Gastel père le 19 mars 1864, ne faisaient plus in specie partie de la succession, ouverte le 15 avril 1864, et que dès lors la séparation ne peut s'excercer sur elles tant qu'un jugement ne les a pas fait rentrer dans le patri—moine héréditaire de Gastel père. —

Nous ajoutons :

Qu'aux termes de l'art. 880 **C. C.**, « *le droit de demander la sépa-* « *ration de patrimoine se prescrit, relativement aux meubles, par le* « *laps de trois ans.* »

Si le droit est prescrit après trois ans, **M.** Desgrottes ne peut donc plus l'exercer, puisque la succession a été ouverte le 15 avril 1864 et que son action par voie d'appel incident est du 28 février 1868.

Dira-t-on que la saisie-arrêt du 4 novembre 1864 et la demande en validité ont suffi pour l'exercice du droit ?

Mais cette saisie-arrêt était nécessaire pour opérer la séparation du droit social, et n'a jamais eu pour objet de faire tomber dans la succession Gastel les apports sociaux.

Donc :

L'action en ce qui touche les valeurs formant l'apport est pres-crite.

SIXIÈME PROPOSITION.

L'apport dans une Société des valeurs actives et passives d'une maison de commerce ne peut être assimilé à un transport de créance.

La Société est saisie sans qu'il soit besoin de signifier l'acte de Société à chaque débiteur des créances apportées.

La publication de l'acte de Société avertit et protége suffisamment les tiers.

En fait :

M. Gastel père a apporté dans la Société Gastel père et fils toutes les valeurs actives et passives de sa maison de Paris et de Saint-Pierre Martinique.

Ces valeurs comprennent cinq ou six cents débiteurs par *comptes-courants, factures, traites, billets, comptes ouverts sur les livres;* nous donnons à la Cour un état fourni par le syndic.

M. Desgrottes dit :

1° *L'apport fait par M. Gastel père est une cession de créance soumise à la signification prescrite par l'article 1690 C. C.*

2° *La Société n'a pas signifié le transport et, dès lors, elle n'a pas été saisie à mon égard, car je suis un tiers.*

Avant d'examiner cet étrange système, nous demanderons à M. Desgrottes de vouloir bien nous dire :

1°. **Si M. Gastel père devait faire une vraie cession de cha-**

cune des créances à la Société Gastel père et fils, et la signifier à chacun des cinq cents débiteurs;

2°. Ou, si au contraire, — il suffisait de signifier à chaque débiteur un extrait de l'acte de Société constatant l'apport.

La réponse aurait son importance.

Comment une pareille prétention peut-elle se produire, contrairement à tous les usages et à toutes les pratiques commerciales !

Nous soutenons :

1° Que l'apport dans une Société ne peut être assimilé à un transport de créance;

2° Que la signification n'est pas nécessaire;

3° Que la publication de l'acte de Société satisfait à l'intérêt de tous.

§ Ier.

L'APPORT N'EST PAS UN TRANSPORT.

Pour détruire l'assimilation, déterminons avec précision les caractères du transport.

1°

Le transport régi par l'article 1690 du Code civil a pour objet :

UNE CRÉANCE. — UN DROIT. — UNE ACTION SUR UN TIERS.

Le cédant ne répond de la solvabilité du débiteur *que lorsqu'il s'y est engagé.*

La cession est donc la vente d'un droit UN ET DÉTERMINÉ qui dessaisit le cédant et investit exclusivement le cessionnaire sans garantie de solvabilité du débiteur.

2°

La Société est un contrat par lequel deux ou plusieurs personnes conviennent de mettre quelque chose en commun dans la vue de partager le bénéfice qui pourra en résulter (Art. 1832, Code civil).

Chaque associé est débiteur et garant de son apport.

La Société constitue non un *dessaisissement,* mais un droit de co-propriété régi par une convention.

On ne peut donc assimiler l'apport par un associé à la cession prévue par l'article 1690, C. C.

L'associé reste copropriétaire.

Le cédant est dessaisi.

Ajoutons :

Que la Société Gastel père et fils en recevant les valeurs actives et passives de la maison de Paris et Saint-Pierre-Martinique, a succédé « in universum jus », à Gastel père, et n'est pas devenue cessionnaire de telle ou telle créance.

Ainsi :

La Société est une mise en commun entre les apporteurs ;

4

La cession est une transmission qui désinvestit le cédant.

Donc :

On ne peut assimiler le contrat qui saisit au contrat qui dessaisit !

§ II

LA SIGNIFICATION N'EST PAS NÉCESSAIRE.

1°

La doctrine n'a pas prévu la question soulevée par **M.** Desgrottes, mais elle en a examiné une tout à fait analogue.

Aux termes de l'article **1861, C. civ.**

« *Chaque associé peut sans le consentement de ses co associés,* « *s'associer une tierce personne, relativement à la part qu'il a dans la* « *Société...* »

On s'est demandé si ce tiers est tenu de signifier son contrat, pour avoir un droit de préférence sur les créanciers du cédant.

Voici la réponse de **MM. Troplong** et **Bédarrides.**

TROPLONG, ART. 1861.

N° 765. *Le mot de* CESSION *dont je me sers ici ne doit pas donner à penser que le croupier n'a pu être saisi que par un transport signifié à la Société débitrice de la part cédée.*

« *En effet, le croupier n'a pas dû signifier son acte.*

« **Car l'article 1690** n'est fait que pour les transports purs et simples ; il ne regarde pas la mise d'une chose en société. »

Bédarrides, des Sociétés, n° 44.

« *Le croupier a, sur la part d'intérêt qui lui a été cédée, un droit de préférence sur les créanciers personnels de son cédant.*

« *Le contrat intervenant entre eux, à ce sujet est plutôt une vente qu'un transport.*

« *Le croupier est donc par l'effet de cet acte, de plein droit saisi de la propriété qui lui a été tranférée, et qui, dès cette époque, lui a été définitivement acquise. Mais, pour que la vente puisse être opposée aux créanciers saisissants, il faut qu'elle soit constatée par acte ayant date certaine.*

« **De ce caractère du contrat, M. Troplong** a induit, avec juste raison, que le croupier n'est pas tenu de signifier son titre à la Société.

« **En effet.** l'article **1690** Cod. Nap., n'est fait que pour la transmission des droits incorporels, et ne saurait régir la mise en Société d'une chose quelconque. »

Nous retenons ces mots :

L'article 1690 ne regarde pas la mise d'une chose en société.

2'

Si la théorie présentée par M. Desgrottes était adoptée, il faudrait donc à chaque cession, à chaque retraite d'un associé, signifier cet acte à tous les débiteurs sociaux, sous peine de concours des créanciers personnels de l'associé sortant.

A chaque retraite d'associé une liquidation deviendrait nécessaire, car des comptes courants ne peuvent être arrêtés, déterminés qu'autant qu'on les clôt et qu'on liquide.

Mais tous les jours un associé se retire d'une Société en nom collectif ou en commandite, sans signification, sans liquidation.

Il faut donc revenir :

A la loi. — A l'usage — A la pratique séculaire !

§ III.

LA PUBLICATION COONSERVE TOUS LES DROITS ET SATISFAIT TOUS LES INTÉRÊTS.

M. Desgrottes ne peut pas exiger que l'associé fasse, *en dehors de l'acte de Société*, un transport de son apport à la Société.

Sa doctrine sainement entendue doit se borner à notifier un extrait de l'acte de Société à chaque débiteur.

Si la Société Gastel père et fils avait fait cette notification, M. Desgrottes s'incline ait.

Qu'a fait la Société ?

Elle a publié l'acte de Société du **29 mars 1864**, et annoncé aux tiers qu'elle continuait la maison Gastel père.

Cette publication n'équivaut-elle pas à une notification ?

N'est-elle pas l'appel le plus énergique aux tiers intéressés ?

Nous n'insistons pas.

Nous terminons par une citation qui donnera la mesure de l'importance juridique accordée à la publication par la Cour de Cassation.

Un gérant de Société en commandite se retire, il publie sa retraite et reste étranger aux affaires de ses anciens associés ;

Survient un créancier social qui prétend que sa retraite n'a pu le libérer, parce qu'il n'a pas procédé à une liquidation de la Société. — Arrêt d'une Cour impériale qui adopte cet étrange système.

Arrêt de la Cour de cassation qui proclame les vrais principes.

*Arrêt de la Cour de Cassation du 12 janvier 1852 (**L. V. 52. 1. 193**).*

LA COUR :

Vu les art. 42, 43, 44 et 46 du C. comm. :

Attendu qu'aux termes de ces divers articles, toute Société en commandite doit être rendue publique, et que les associés gérants sont tenus de publier, dans la forme prescrite par la loi, tous actes portant dissolution de la Société avant le terme fixé, comme aussi tout changement ou retraite d'associés, toutes nouvelles stipulations ou clauses, tout changement à la raison de la Société ;

Que par l'art. 46, le législateur prend soin de distinguer entre le fait du changement ou de la retraite d'associés, et le cas de la dissolution de la Société avant le terme fixé ;

Que la publicité prescrite par la loi, n'a d'autre but, dans le cas de retraite d'un des associés-gérants, que d'avertir les tiers *qu'ils ne doivent plus compter sur l'associé qui se retire*, et que celui désigné pour le remplacer doit seul leur offrir toute garantie ;

Que, dès lors, l'associé remplacé est exonéré de tous engagements pris envers les tiers, postérieurement à sa retraite ;

Que la loi ne lui impose d'autre obligation que celle de la publication de sa retraite, et ne dispose point que tout changement d'un associé-gérant doit avoir pour effet d'**entraîner la dissolution de la Société, et de faire procéder à la liquidation ;**

Attendu qu'en décidant le contraire, et en rendant de Séclières, ancien gérant de la Compagnie française d'assurance contre l'incendie, responsable des engagements contractés envers les tiers, postérieurement à sa retraite, par le gérant qui l'a remplacé, bien que sa retraite acceptée par l'assemblée générale des actionnaires, et son remplacement aient été publiés dans la forme prescrite par la loi, sous le prétexte, QUE SA RETRAITE N'AURAIT PAS ÉTÉ SUIVIE DE LA LIQUIDATION DE LA SOCIÉTÉ, *l'arrêt attaqué a* AJOUTÉ *aux dispositions de la loi et a violé ainsi les articles précités;*

Casse.

Telle est l'importance de la publication légale !

CONCLUSION

La Cour déclarera :

L'appel incident non-recevable et dans tous les cas mal fondé.

DUTARD, *avocat.*

THELLIER, *avoué.*

12065 — Renou et Maulde, rue de Rivoli, 144.